Neue »RUNAWAYS« aus dem Verlag mit der Fliege

Der Autor

Heinz Günter Heygen, 1953 in Frankfurt am Main geboren und immer Frankfurter geblieben. Nach dem Abitur studierte er Germanistik und Anglistik, war Lehrbeauftragter an einer Gesamtschule, versuchte sich auch als Mundartdichter. Seit 1978 ist er als Nachrichtensprecher und Moderator freier Mitarbeiter des Hessischen Rundfunks. »English for Runaways« (Band 1) erschien im Frühjahr 1984.

Der Illustrator

Wolfgang Peter Küttner, 1952 in Berlin geboren. Machte 1970 eine Ausbildung als Werbetechniker. Einige Semester Städelschule, lebt in Frankfurt – hauptberuflich von der Werbung; seine Vorliebe gilt dem Custom-Painting (mit der Spritzpistole) und Illustrationen.

Heinz Günter Heygen
Wolfgang Peter Küttner

MORE ENGLISH FOR RUNAWAYS

Mehr Englisch für Fortgeschrittene

Eichborn

Aufruf

Es wird weiter gesammelt. Senden Sie Ihre Erfindungen ein. Die besten neuen Runaways haben die Chance in einem dritten Band zu erscheinen. – Off goes the Post to:

Oak-Spring-Publishers,
c/o Eichborn Verlag
Sachsenhäuser Landwehrweg 293
D-6000 Frankfurt 70

CIP-Kurztitelaufnahme der Deutschen Bibliothek

Heygen, Heinz Günter:

More English for runaways : mehr Englisch für Fortgeschrittene / Heinz G. Heygen ; Peter W. Küttner. –
Frankfurt am Main : Eichborn, 1985.

ISBN 3-8218-1817-4

NE: Küttner, Wolfgang Peter:

Cover: W. P. Küttner · Gesamtherstellung: Fuldaer Verlagsanstalt GmbH · ISBN 3-8218-1817-4
Verlagsverzeichnis schickt gern: Eichborn-Verlag, D-6000 Frankfurt 70

Vorwort

Hier ist er also, der von vielen erwartete 2. Band "English for Runaways". Die gleichnamige Hörfunkserie läuft regelmäßig in der Sendung „Guten Morgen allerseits" des Hessischen Rundfunks. Die begeisterten Reaktionen aus dem Hörer- und Leserkreis haben unsere Erwartungen weit übertroffen – das motiviert weiterzumachen!

Den „aktiven Runaway-Fans" verdanken wir eine ganze Reihe guter Vorschläge und Ideen, die teilweise original oder in leicht veränderter Form in diesem 2. Band verwendet wurden. Dafür an dieser Stelle ein herzliches: "Thanks beautiful!!"

"Runaways" tauchen in der Zwischenzeit überall auf. In vielen Familien und Schulen, in unzähligen Büros, an Stammtischen und in Vereinen ist das Erfinden witziger "Runaways" längst zum unterhaltsamen Volkssport geworden. Alle machen mit.

Der weiteste Antwortbrief erreichte uns aus Südafrika; ein Frankfurter Börsenmakler gibt seinen Kollegen in London ständig die neuesten "Runaways" durch – sie stehen dort hoch im Kurs –, und aus Zuschriften geht hervor, daß bei vielen deutschstämmigen Amerikanern in den USA das Buch "English for Runaways" als Geschenk aus "good old Germany" unter dem Weihnachtsbaum lag. "Strong performance!!"

Nur den Eintrag im Duden vermissen wir noch:

– **Run/away** m ; Fachausdruck für deutsch-englische Blödelübersetzung, Ursprung im Frankfurter Raum

Aber wer weiß, vielleicht sind uns die Nachfolger „Konrads" irgendwann einmal gewogen!?

Die 2. Ausgabe (More) "English for Runaways" hat zwar die gleiche Seitenzahl und kostet keinen Pfennig mehr als die erste, ist aber trotzdem „doppelt so dick". Wie ist das möglich?

Wir haben das relativ starre Schema des ersten Buches bewußt durchbrochen, um mehr Abwechslung zu schaffen und noch mehr zu bieten. Der Band enthält über 500 der witzigsten und originellsten "Runaways", teilweise noch „ungesendet". Auch die Anzahl der Zeichnungen hat beträchtlich zugenommen.

In diesem Zusammenhang danke ich besonders Peter Küttner für seine engagierte Mitarbeit, die weit über die „reine Illustration" hinausging. Wir hatten – neben der Arbeit – oft einen Riesenspaß!
Letzteres, liebe „Runaways-Freunde", wünsche ich Ihnen nun bei der Lektüre von "More English for Runaways".

Ihr Heinz Günter Heygen

P. S. Keep on running!

US RUNS THE WATER IN THE MOUTH TOGETHER

Uns läuft das Wasser im Mund zusammen

THE PICTURE-PIPELINE
Die Bildröhre

MILK-GIRL-BILL
Milchmädchenrechnung

TIME-MICROSCOPE
Zeitlupe

THE PLAYBOYS-TRAIN
Der Spielmannszug

THE COFFEE-SENTENCE
Der Kaffeesatz

HOT-ENVELOPES
Heiße Umschläge

IT IS UNBARREL-CASH!
Es ist unfaßbar!

THE TURNING-HAMMER
Der Wendehammer

THE CLEVER-MOUNTAINS
Die Schlauberger

PICTURE-QUIZ
Bilderrätsel

LOOK ON THE PICTURES AND MAKE A RUNAWAY OUT OF IT
Bilder ansehen und einen Runaway daraus machen

UP-LIQUID NEXT SIDE
Auflösung nächste Seite

AUFLÖSUNG
ON-LIQUID

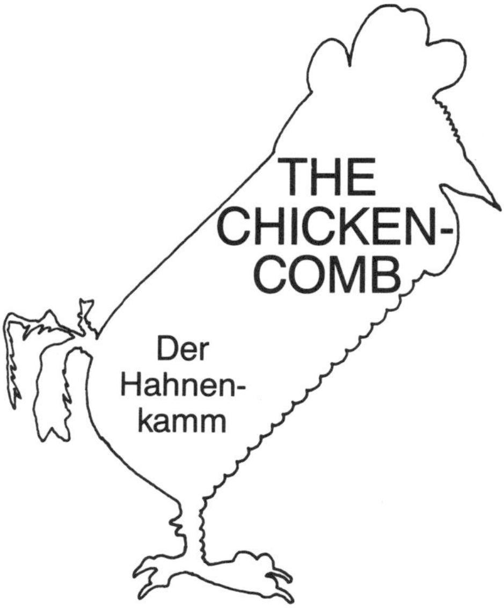

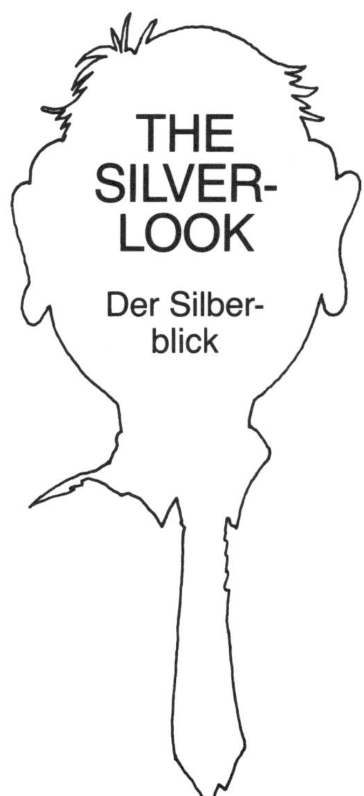

THE TOMORROW-COUNTRY

Das Morgenland

HESSEN

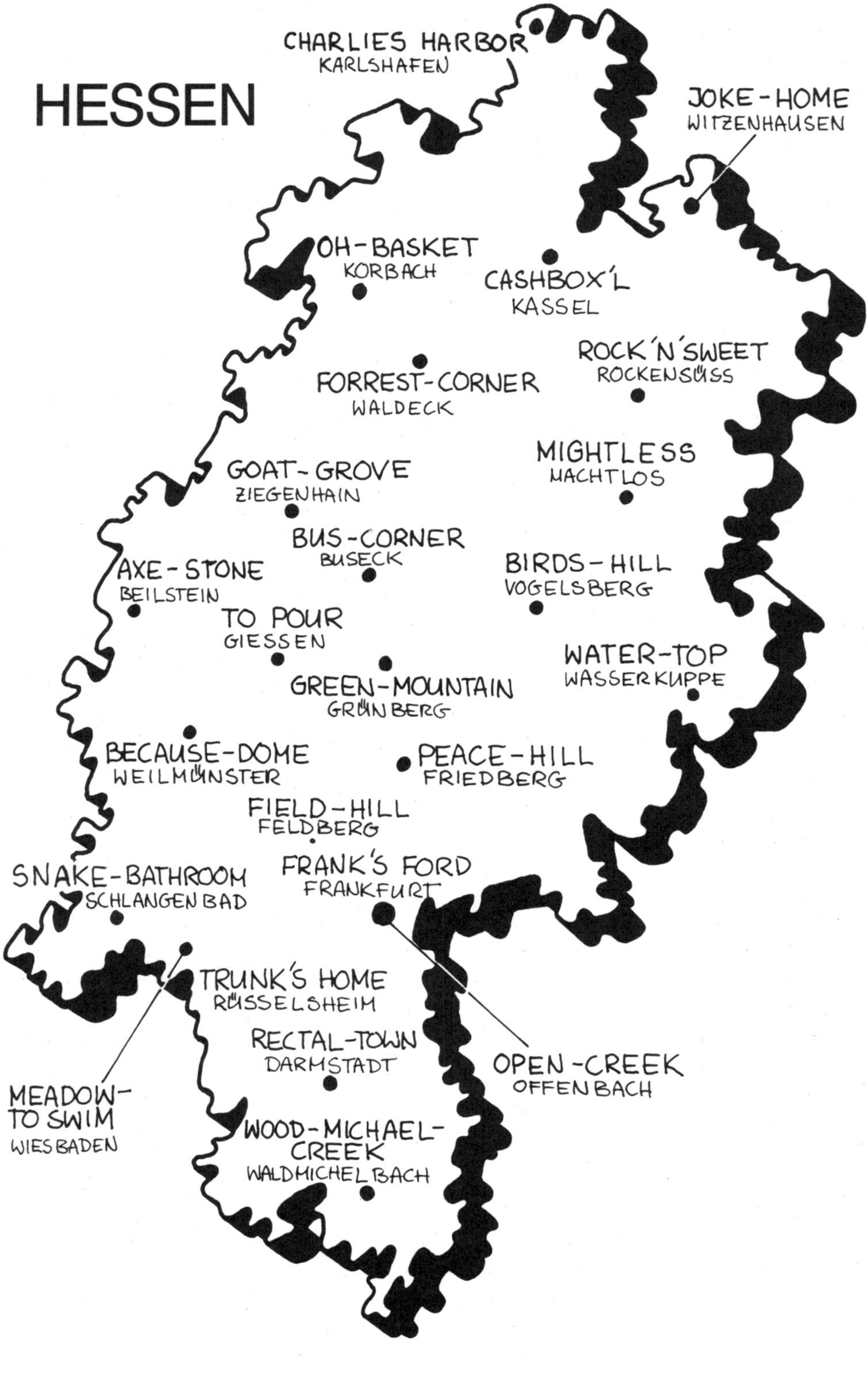

CHARLIES HARBOR
KARLSHAFEN
JOKE-HOME
WITZENHAUSEN
OH-BASKET
KORBACH
CASHBOX'L
KASSEL
ROCK'N'SWEET
ROCKENSÜSS
FORREST-CORNER
WALDECK
MIGHTLESS
MACHTLOS
GOAT-GROVE
ZIEGENHAIN
BUS-CORNER
BUSECK
AXE-STONE
BEILSTEIN
BIRDS-HILL
VOGELSBERG
TO POUR
GIESSEN
WATER-TOP
WASSERKUPPE
GREEN-MOUNTAIN
GRÜNBERG
BECAUSE-DOME
WEILMÜNSTER
PEACE-HILL
FRIEDBERG
FIELD-HILL
FELDBERG
SNAKE-BATHROOM
SCHLANGENBAD
FRANK'S FORD
FRANKFURT
TRUNK'S HOME
RÜSSELSHEIM
RECTAL-TOWN
DARMSTADT
OPEN-CREEK
OFFENBACH
MEADOW-TO SWIM
WIESBADEN
WOOD-MICHAEL-CREEK
WALDMICHELBACH

THE BLOWING-CHAPPEL

Die Blaskapelle

STEALING-HOUSE-SHOES
Filzpantoffeln

THE BABY-TOILET
Die Höschenwindel

THE SECOND-HAND-BIRTHDAY
Die Wiedergeburt

THE BOSS OF THE PUBS
Der Wirtschaftsminister

LOOPING-TREE
Purzelbaum

THE LION-TOOTH
Der Löwenzahn

SPACE-TIME-FIT
Allzeit bereit

THE WARM TROUSERS
Die heißen Höschen
(HOT PANTS)

THE SLIPPER-HERO
Der Pantoffelheld

THE FLYING-HARBOR
Der Flughafen

RADIO-STRIPE-CAR
Funkstreifenwagen

THE OPEN-MIXER
Der Aufrührer

THE CRY-HILL-HAPPENING
Der fröhliche Weinberg

LIVING-MIDDLE-BUSINESS
Lebensmittelgeschäft

THE STEP-AWAY
Der Fortschritt

THE GHOST-DRIVER
Der Geisterfahrer

ONE-WALL-FREE!
Einwandfrei!

THE KEY OF MILITARY
Der Schlüsselbund

EAT-PUB
TO THE POOR-NIPPER

BEFORE EATINGS

COW-MEAT-SOUP WITH EGG-STING	3,00
12 CRY-HILL-LADYS	6,00
HAND-CHEESE WITH ORCHESTRA	3,00
WALL-VILLAGE-SALAD	3,00

HEAD-MEALS

MOUTH-BAGS (GERMAN TRIAL WITH HACKLE-MEAT)	6,00
WRONG RABBIT WITH YOUNG VEGETABLES	6,00
LIVER-CHEESE WITH MIRROR-EGG	4,00
OPTIC-SOUP WITH MINI-SPARROWS	9,00
INK-FISH IN OWN INK	6,00
ICE-LEG WITH SOUR-GERMAN	6,00
CHICKEN-LITTLE WITH “UNCLE-BEN”	6,00
KNACK-SAUSSAGE WITH GREEN-CHANCELLOR AND BLACK-ROOT	9,00

AFTER TABLE

CHERRY-MICHAEL	3,00
PYJAMA-APPLE	3,00
COLD-CUP	3,00
LONG-TIME LOLLY ∅ 50 cm	25,00

Speise-Lokal zum Armen Schlucker

Vorspeisen

Rindfleischsuppe mit Eierstich	3,00
12 Weinberg-Schnecken	6,00
Handkäse mit Musik	3,00
Walldorfsalat	3,00

Hauptgerichte

Maultaschen (deutsches Gericht mit Hackfleisch)	6,00
Falscher Hase mit jungem Gemüse	6,00
Leberkäse mit Spiegelei	4,00
Linsensuppe mit Spätzle	9,00
Tintenfisch in eigener Tinte	6,00
Eisbein mit Sauerkraut	6,00
Hühnerklein mit Reis	6,00
Knackwurst mit Grünkohl	9,00
und Schwarzwurzeln	9,00

Nachtisch

Kirschenmichel (Hessisch „Kerschemichl“)	3,00
Apfel im Schlafrock	3,00
Kaltschale	3,00
Dauerlutscher ∅ 50 cm	25,00

EAT-PUB TO THE POOR-NIPPER

DRINK-UPS

NORTH-HOMER BIRDLY (BOXING-BAG)	4,00
SPICE-CASTLES STONE-HARP	4,00
BLACK BIRDFIELDS RED-CRY	4,00
CELLAR-GHOST'S (WHITE AUTUMN)	5,00
LOVELY-LADY-MILK	5,00
KRÖVER-NAKED-ASS	5,00
KIDNEY-STONES ROE-CREEK	4,00

STRONG (EXTRA-DRY)	5,00
COPPER-MOUNTAIN-GOLD	5,00
FORREST-MASTER-PUNCH	5,00

OUT OF THE GARDEN	4,00
ACE-CREEK VERY-OLD	4,00

SUB-MOUNTAIN	4,00
HUNTERCHIEF	4,00
ALCOHOLIC EGGS	9,00

FAST-WATER	3,00
FRUITER	3,00

ROMANS MUSHROOM	2,00

Speise-Lokal zum Armen Schlucker

Getränke

Nordheimer Vöglein (Boxbeutel)	4,00
Würzburger Stein-Harfe	4,00
Amselfelder Rotwein	4,00
Keller-Geister (Weißherbst)	5,00
Liebfrauen-Milch	5,00
Kröver Nacktarsch	5,00
Niersteiner Rehbach	4,00

Mumm (extra trocken)	5,00
Kupferberg Gold	5,00
Waldmeister-Bowle	5,00

Dujardin	4,00
Asbach Uralt	4,00

Underberg	4,00
Jägermeister	4,00
Eierlikör	9,00

Aquavit	3,00
Obstler	3,00

Römer-Pils	2,00

FASHION FOR “RUNAWAYS”
Mode für Fortgeschrittene

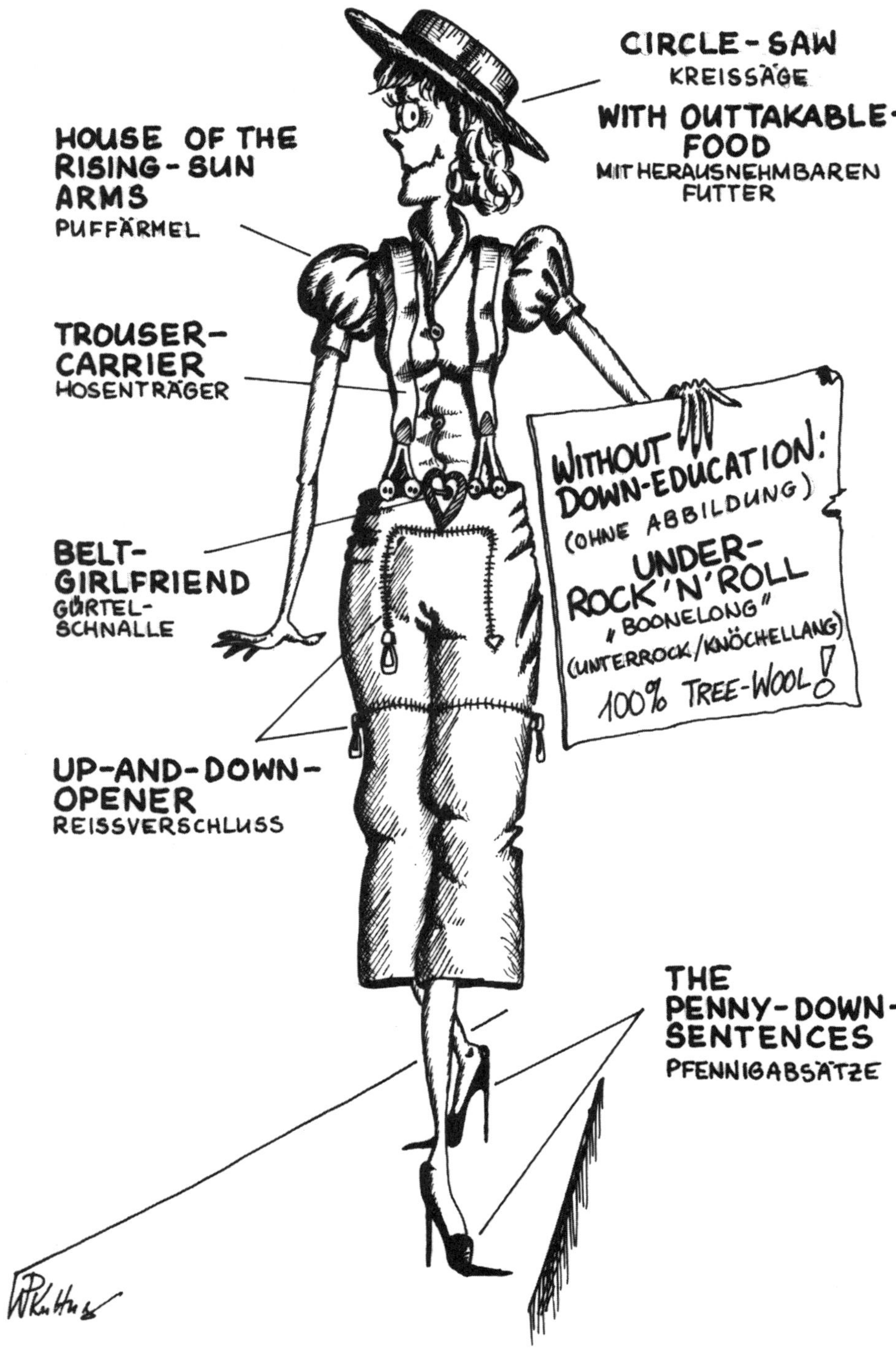

SPEAKS
Sprüche

I AM SHOT IN YOUR SUMMER-POINTS
Ich bin verschossen in deine Sommersprossen

SPUNCH OVER IT
Schwamm drüber

TO COME IN DEVILS KITCHEN
In Teufels Küche kommen

HE IS TOO EXPENSIVE TO GIFT
Er ist geschenkt zu teuer

TO THROW THE TOWEL
Das Handtuch werfen

I HAVE THE NECK FULL
Ich hab den Hals voll

TO COME ON THE DOG
Auf den Hund kommen

IT'S ALL FOR THE CAT!
Alles für
die Katz'!

TIME-WORDS
Zeitwörter

TO BUSH (SOMETHING OUT)
Straucheln (etwas aushecken)

TO SHINE SOMEONE HOME
Jemandem heimleuchten

TO RASP SWEET-WOOD
Süßholzraspeln

TO HOLD MEASURE
Maßhalten

TO BECOME AIR
Sich in Luft auflösen

TO GO STRANGE
Fremdgehen

TO FALL INSIDE
Reinfallen

TO SIT-AFTER
Nachsitzen

TO CAR-SOMETHING
Etwas wagen

TO CREAM-DOWN
Absahnen

IT PULLS!
Es zieht!

TO BIRD
Vögeln

Runaway-
VIP'S

GODDLOVE TURNING THROUT	Gottlieb Wendehals
MR. BALLPOINT-PEN	Kuli
TOMMY GOD-CLOWN	Thomas Gottschalk
HENRY GIFT	Heinz Schenk
DOC H. CABBAGE	Dr. Helmut Kohl
F. J. ROADRUNNER	Franz Josef Strauß
FREDDY CARPENTER	Friedrich Zimmermann
F. POOL-FARMER	Franz Beckenbauer
THEODOR SHOEMAKER	Tony Schuhmacher
ALBERT ONE-STONE	Albert Einstein
DOC SOUR-BREAK	Doktor Sauerbruch
PREACHER SUMMER-PAIN	Pfarrer Sommerauer
JOHN- SEBASTIAN CREEK	Johann-Sebastian Bach
PS. JERRY COTTON	Jeremias Baumwolle

THE FREE-WILLING-FIRE-WHO
Die Freiwillige Feuerwehr

THE TOPHAT-HEAD-POETRY
Die Zylinderkopfdichtung

THE FLAT-FOOD-INDIAN
Der Plattfußindianer

THE JUMPING-COMPANY
Der Turnverein

THE SMOKE-BEHIND
Die Zigarette danach

FILMCITY-SWINGER
Hollywoodschaukel

THE CHEESE-LEAF
Das Käsblatt

THE NECK-CUTTER
Der Halsabschneider

FENCE-GUEST
Zaungast

THE NOSE-LEG-
BREAK
Der Nasenbeinbruch

"RUNAWAY"-RUNAWAYS!

MAKE "RUNAWAYS", NOT WAR!
Macht Runaways, keinen Krieg!

WHO "ENGLISH FOR RUNAWAYS" NOT HONOURS, IS THE "OXFORD" NOT WORTH
Wer die „Runaways" nicht ehrt, ist kein bißchen „Oxford" wert.

BETTER A "RUNAWAY" ON THE TONGUE, THEN OVERHEAD-NOTHING IN THE HEAD!
Besser ein „Runayway" auf der Zunge,
als überhaupt nichts im Kopf!

I GO MILES-FARE FOR A "RUNAWAY"!
Ich gehe meilenweit für einen „Runaway"!

WITH A "RUNAWAY-BOOK" IN YOUR HAND, YOU COME THROUGH ALL THE LAND
Mit 'nem „Runaway-Buch" in der Hand, kommst du durch
das ganze Land.

DON'T PRAISE THE "RUNAWAY" BEFORE THE OVERSITTING.
Man soll den „Runaway" nicht vor der Übersetzung loben.

THE BUBBLE-INFECTION

1

Die Blasenentzündung

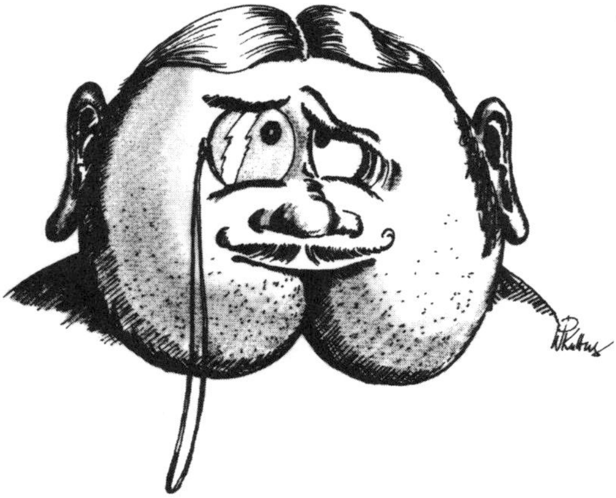

THE MIDDLE-OF-THE-BACKSIDE

Der Poposcheitel

THE RUNNING PASSPORT

Der Laufpaß

THE BOTTLE-TRAIN

Der Flaschenzug

SHOE-SPOON

Schuhlöffel

THE LIVING-PARTY

Die Wohngemeinschaft

THE BIRD-FARMER

Der Vogelbauer

THE MOUTH-THROW-HILL

Der Maulwurfhügel

THE SHIT-FORK

Die Mistgabel

THE POWER-SOUP

Die Kraftbrühe

THE BELL-CHAIR

Der Glockenstuhl

JESUS MAKES A TRIP TO HEAVEN

Christi Himmelfahrt

Hummel Hummel

OX ON DUTY
Zuchtbulle

THE SOUR-COAT
Der Säuremantel

THE LIVING-ARTIST
Der Lebenskünstler

THE MILITARY-FOLDING-TROUSER
Die Bundfaltenhose

THE SWINGING-SHIP-STOPPER
Der Schiffschaukelbremser

PRESS-AIR-BOTTLES
Preßluftflaschen

THE POCKET-STEALER
Der Taschendieb

THE LITTLE-WALL-FLOWER
Das Mauerblümchen

THE NIGHT-SHADOW-PLANT
Das Nachtschattengewächs

THE PROBLEM-FLUID
Die Problemlösung

THE FINGER-TOP-FEELING
Das Fingerspitzengefühl

THE HIGH-STRESS-PIPELINE
Die Hochspannungsleitung

THE DARK-NUMBER
Die Dunkelziffer

COLOGNE-MONEY
Köllnflocken

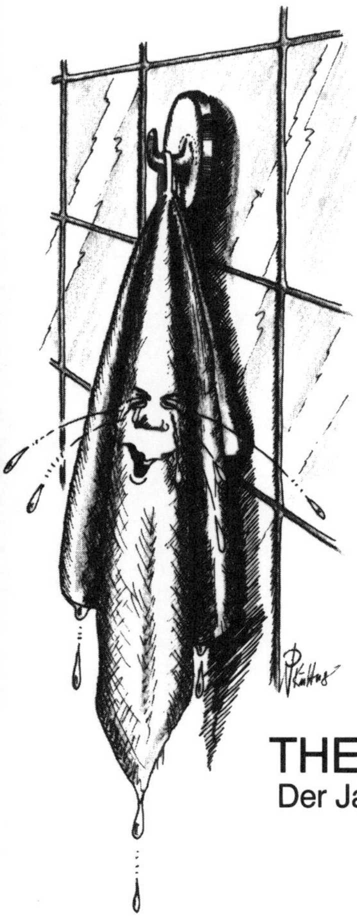

THE MORE-AIM-HALL
Die Mehrzweckhalle

THE RUBBER-TREE-SHEET
Das Gummibaumblatt

THE LUCKY-MUSHROOM
Der Glückspilz

THE QUICKWALK-ANIMAL-FUR
Das Rentierfell

THE PITY-RAG
Der Jammerlappen

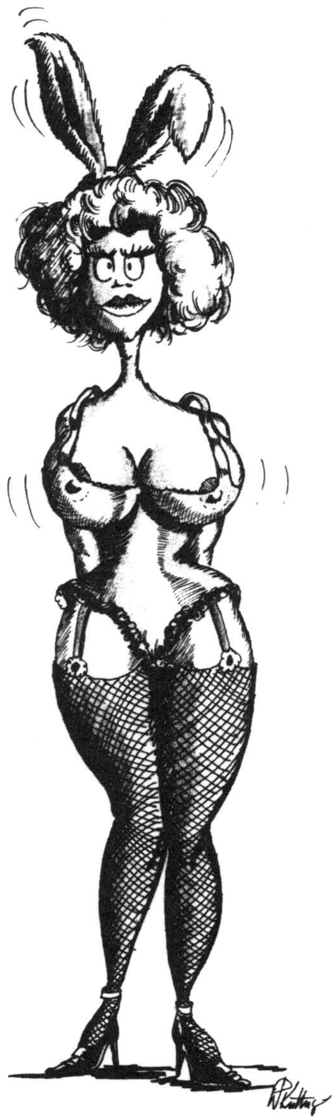

I HAVE TEA-TIME
Ich hab' einen im Tee

MAN'S MAN
Mannesmann

THE OPEN KICK
Der Auftritt

I WALK ON THE LINE
Ich geh auf'm Strich

THE WOOL-FUN
Die Wollust

THE BABY-BACON
Der Babyspeck

THE OUT-SOFT-DATE
Der Ausweichtermin

MIXED PICKLES
Akne

NO WOOD BEFORE THE COTTAGE
Kein Holz vor der Hütte

MY NAME IS BUNNY, I KNOW FROM NOTHING!
Mein Name ist Hase, ich weiß von nichts!

THE BABY-AIRLINES

Der Klapperstorch

THE PIG-PRIEST
Der Schweinepriester

THE WITH-POISON-HUNTER
Der Mitgiftjäger

THE CHANGING-LIVING-ROOM
Die Wechselstube

WE CAN WORK IT OUT (BEATLES)
Wir können auch draußen arbeiten

AS TEARS GO BY (STONES)
Wenn Tiere vorbeigehen

THE SCRATCH-FOOT
Der Kratzfuß

SHEPHERD'S LETTER
Hirtenbrief

FLOWER-COFFEE
Blümchenkaffee

THE GAME-SPOILER
Der Spielverderber

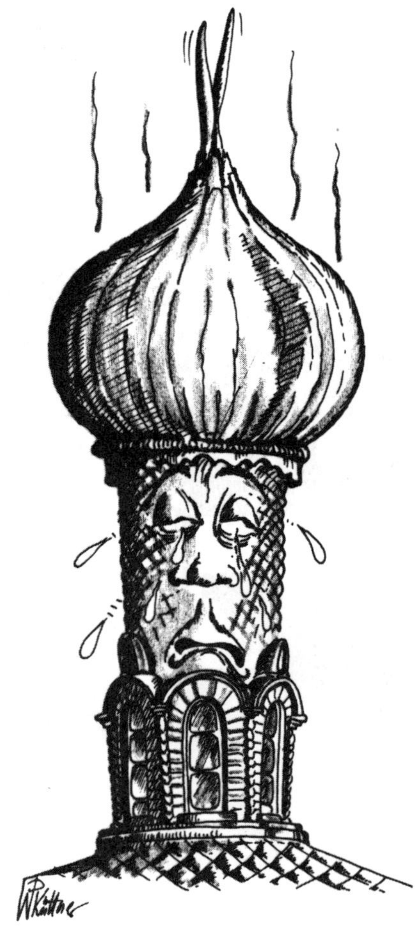

THE ONION-TOWER
Der Zwiebelturm

THE SUCKLING-SISTER

Die Säuglingsschwester

HARDSTANDING "B"-GRIPS

Feststehende Begriffe

TO LAY SOMEONE AROUND
Jemanden umlegen

TO BEAT IN THE BAG
In den Sack hauen

TO AFFORD SOMEONE SOCIETY
Jemandem Gesellschaft leisten

LET ME IN SILENCE
Laß mich in Ruhe

TO GO SOMEONE ON THE GLUE
Jemandem auf den Leim gehen

I BELIEVE ME KICKS A HORSE
Ich glaub' mich tritt ein Pferd

YOU GET ONE ON THE NUT
Du kriegst eins auf die Nuß

WRONGING IS HUMANABLE
Irren ist menschlich

TO DRINK FINISH-WATER
Zielwasser trinken

DUCK GOOD, ALL GOOD
Ente gut, alles gut

THE TAPE-WORM
Der Bandwurm

I SPIDER
Ich spinne

CHAN'T-CHAN'T
Sing-Sing

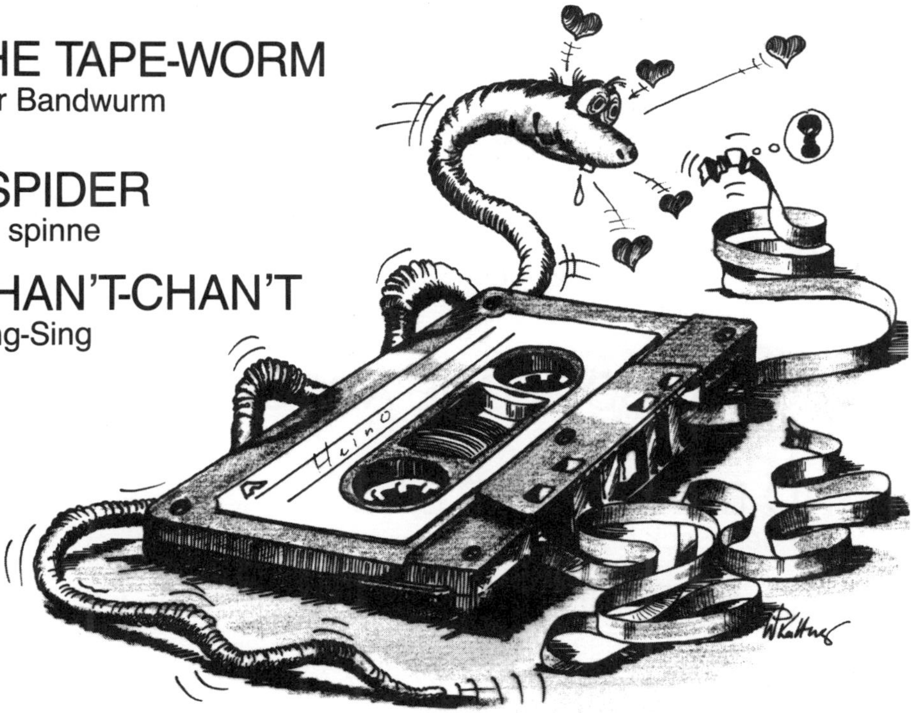

GIVE NOT SO ON
Gib nicht so an!

SHAME YOU WHAT!
Schäm' dich was!

WORK OVER WORK
Arbeit über Arbeit

ANIMAL CIRCLE-SIGN
Tierkreiszeichen

THE AFTER-HELP-PUPIL
Der Nachhilfeschüler

THE NIGHTTABLE-PUSHCASE
Die Nachttisch-Schublade

THIS MAKES YOU SO FAST NOBODY AFTER
Das macht dir so schnell keiner nach

THE GREAT-REASON-OWNER
Der Großgrundbesitzer

THE EMERGENCY-LIE
Die Notlüge

THE HOLY-NOTE
Der Heiligenschein

THE OVER-STATE-AT-FOREST
Der Oberstaatsanwalt

THE APPLE-FRIENDSHIP
Die Busenfreundschaft

SO-HOW-SO
Sowieso

THE DAUGHTER-SOCIETY
Die Tochtergesellschaft

THE OFFICE-MEAL
Das Amtsgericht

THE OVERCARRY-CAR
Der Übertragungswagen

THE HAND-BELL
Die Handschelle

THE THROUGH-RUNNING-WARMER
Der Durchlauferhitzer

THE MULE-BRIDGE

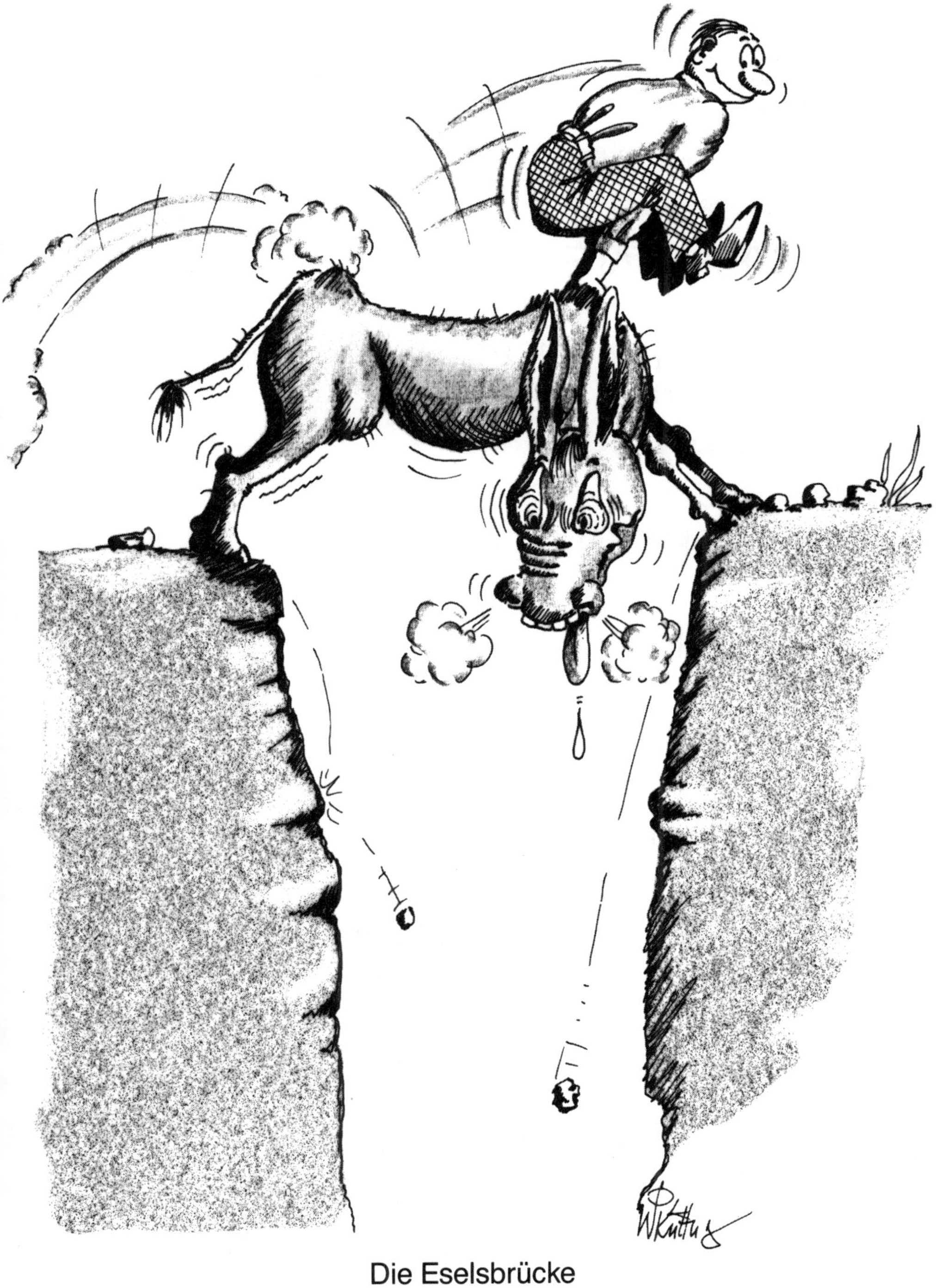

Die Eselsbrücke

NEVER THE WOOD THINK ONCE
Niederwalddenkmal

THE FILL-FEATHER-HOLDER
Der Füllfederhalter

I HAVE THE FACE FULL
Ich habe die Schnauze voll

THE COIN-FAR-SPEAKER
Der Münzfernsprecher

THE FARMER'S-CATCH
Die Bauernfängerei

ARM-LIGHTER
Armleuchter

POOR BREAST
Armbrust

MONKEY-SHARP
Affengeil

THE CHURCH-BUTLER
Der Kirchendiener

THE BRANDY-NOSE
Die Schnapsnase

FLOWER POWER
Blumendünger

THE RUNNING-
PIER
Der Laufsteg

THE APPLE-SWIMMER
Der Brustschwimmer

IN ONE-SENTENCE
Im Einsatz

BLACK OUTSTANDING
Negeraufstand

DOWN-LOOKING-SHIP
Unterseeboot

SIGNPOST-CITICEN-JOKE
Schildbürgerstreich

MOUTH AND HANDS-INFECTION
Maul- und Klauenseuche

THE CANADIAN WOODBURNING-
OUTSTEPPER
Die kanadischen Waldbrandaustreter

FOR DO-IT-YOURSELFERS

Für Heimwerker

BOOK-STICK'S FOR YOUR OWN "RUNAWAYS"

Buchstaben für deine eigenen „Runaways"

ÅÅÅÅÅÅÅÅÄÄÄÄÄÄÄÄBBBC
CCCCCDDDDDDDDEEEEEEEEEEEE€
€€€€€€€€€€€€FFFFGGGGGHHHH;
HHHIIIIIIIIIIIIJJKKKKLLLLLLL
LLLMMMMMMNNNNNNNNNN;
NNNÖÖÖÖÖÖÖÖÖÖÖÖPPPPQQ;
QRRRRRRRRRRRRSSSSSSSSSSSS
STTTTTTTTTTTTTTTÜÜÜÜÜÜÜÜÜÜV;
VVVWWWWXYYYZZZÆÆØØ;
1122334455667788990 0&??!£$%();

6169

THE REASON PIECE
Das Grundstück

THE BIG PARENTS
Die Großeltern

EDUCATION-A-GO-GO
Fortbildung

MUCHEASY
Vielleicht

SLIPPER-JAW
Latschenkiefer

ONE-RIVER-RICH
Einflußreich

THE MOUTHBERRY-TREE
Der Maulbeerbaum

THE FOOD-WALKER
Der Kostgänger

IT'S ALL MUPPETS
Alles Mumpitz

THE TUBE-SPARROW
Der Rohrspatz

THE HONEY-CAKE-HORSE
Das Honigkuchenpferd

THE MEAT-SERGEANT
Der Fleisch-Spieß

DEAD AND MODERN
Todschick

THE CLOSE-HOLDER
Der Zuhälter

THE GERMAN-UNION-DAY
Der Bundestag

THE TIME-FACTORY
Das Uhrwerk

THE LOCK-MUSCLE
Der Schließmuskel

THE WING-FIGHTS
Die Flügelkämpfe

THE COMPANY-CABLE
Die Firmenleitung

THE LIFT-BOY
Der Assistent eines Schönheitschirurgen

THE BATTLE-PLATE

Die Schlachtplatte

THE SHOPPING-GENTLEMAN
Der Geschäftsmann

THE DO-NOT-GOOD
Der Tunichtgut

THE BETTER-KNOWER
Der Besserwisser

THE NATIONAL-ADVICE
Der Nationalrat

THE WAITER-SCHOOL
Die Oberschule

THE HIGH-GRILL
Der Hochofen

STATIONS-SISTER
Stationsschwester

HAIR-EXACT
Haargenau

THE WINDY-KISS
Der Luftikus

THE SPINACH-BIRD
Die Spinatwachtel

SPEAKS
Sprüche

I THINK MY PIG WHISTLES!
Ich glaub' mein Schwein pfeift!

YOU HAVE A TITMOUSE!
Du hast eine Meise!

WOOD-EYE BE CAREFUL
Holzauge sei wachsam

TAKE YOURSELF IN EIGHT!
Nimm dich in acht!

ME SMELLS
Mir stinkt's

I GO ON THE TEETH-MEAT
Ich geh auf dem Zahnfleisch

SPEAKS
Sprüche

NOW WE SIT QUITE BEAUTIFUL IN THE INK
Jetzt sitzen wir ganz schön in der Tinte

I BREAK TOGETHER
Ich brech' zusammen

YOU STAND LIKE THE OX BEFORE THE HILL!
Du stehst wie der Ochse vor dem Berg!

NOW IS THE OVEN OUT
Jetzt ist der Ofen aus

NOTHING FOR UNGOOD
Nichts für ungut

THE OAK-OFFICE

Das Eichamt

HIGH THE CUP'S!

Runaways that are no ~~Runaways~~

Runaways, die keine sind…

THE SKY-SCRAPER
Wolkenkratzer

THE MAN IN THE MOON
Der Mann im Mond

THE VIRGIN-VOYAGE
Die Jungfernfahrt

CHEWING-GUM
Kaugummi

THE FLYING-SAUCER
Die fliegende Untertasse

THE FORGET ME NOT
Das Vergißmeinicht

THE UNDERTROUSER
Die Unterhose

THE RATTLESNAKE
Die Klapperschlange

BROWN–JONES–ROBINSON
Maier, Müller, Schulze

THE PAPERTIGER
Der Papiertiger

THE HEAVENS DOOR
Die Himmelstür

THE SOUND-RECORD-GAMBLER
Der Plattenspieler

THE SUGGESTION-HAMMER
Der Vorschlaghammer

THE AIR-PILLOW-BOAT
Das Luftkissenboot

THE LONG-DISTANCE-KNIFE
Der Entfernungsmesser

ROOM-MAN
Zimmermann

BUNNY'S NUTS
Haselnüsse

SUNNY UNDERWALK
Sonnenuntergang

THE PANTS-PORTER
Der Hosenträger

THE MOUSE-BED
Die Mausefalle

THE SPIRIT-LIGHTNING
Der Geistesblitz

THE SWEETWATER-FISH

Der Süßwasserfisch

THE MILK-OVER-SHOT

Der Milchüberschuß

SPEAKS
Sprüche

HERE IS STEAM IN THE COTTAGE
Hier ist Dampf in der Hütte

IT NOCKS ME OUT OF THE SOCKS
Es haut mich aus den Socken

I LAUGH ME A BRANCH
Ich lach' mir 'nen Ast

WHO HAS LET A CHRASH HERE?
Wer hat hier einen Bums gelassen?

SHAME YOU WHAT!
Schäm' dich was!

YOU HAVE A JUMP IN THE DISH
Du hast einen Sprung in der Schüssel

I DRIVE OUT OF THE SKIN
Ich fahre aus der Haut

YOU HAVE A WEAK BUBBLE
Du hast eine schwache Blase

I FEEL ME PIG-GOOD
Ich fühle mich sauwohl

THE TERROR-APPLE
Der Zankapfel

THE OFFICIAL-WHITE-HORSE
Der Amtsschimmel

THE SEXY-JUDGE
Der Scharfrichter

COAT-MONEY-DISCUSSION
Manteltarifverhandlung

THE MAP-PUB
Die Planwirtschaft

THE TRAIN-BIRDS
Die Zugvögel

THE CRYING-SUSAN
Die Heulsuse

THE NUMBER-IN-THE-AIR
Die Luftnummer

THE BACKING-PIPE
Die Backpfeife

OWL-MIRROR-EGG
Eulenspiegelei

THE NEVER-ENDING-LIFT

Der Paternoster

JELLOWMANIA
Gelbsucht

I ONLY UNDERSTAND RAILROAD-STATION
Ich versteh immer nur Bahnhof

TROUGHT-CASE
Durchfall

THE LITTLE GREEN STONE-EATER
Der kleine grüne Steinbeißer

THE OVER-GUY
Der Übertyp

HIGH-GERMAN
Hochdeutsch

SO SLOWLY BUT SHURLY
So langsam aber sicher

I LAUGH ME A BRANCH
Ich lach mir ’nen Ast

IT RICHES!
Es reicht!

TO BLOW SOMEONE POWDER-SUGAR INTO THE BACKSIDE

Jemandem Puderzucker in den Hintern blasen

THE TERROR-BOX
Die Krawallschachtel

THE FULL-FAT-STEP
Die Vollfettstufe

THE NO-SEX-BELT
Der Keuschheitsgürtel

THE APPLE-AROUND-CATCH
Der Brustumfang

THE LIFT-STAGE
Die Hebebühne

THE GAMBLE-HELL
Die Spielhölle

THE MOUTH-BASKET
Der Maulkorb

THE DOWN-BEAT
Der Niederschlag

POOR-FAT
Fettarm

BREAKING-BREAD
Knäckebrot

THE JOGGING-CUSTOMERS
Die Laufkundschaft

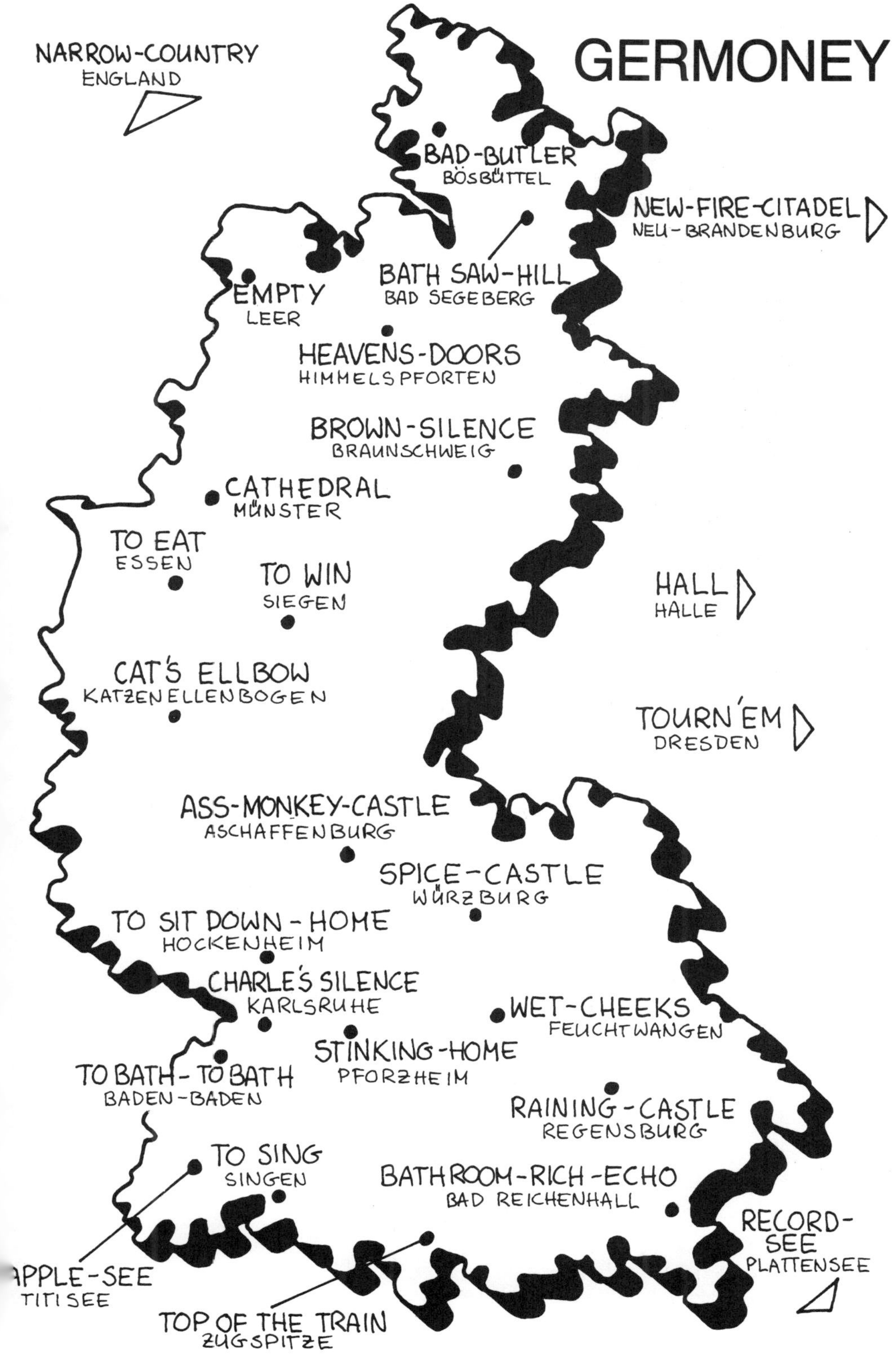
GERMONEY
NARROW-COUNTRY
ENGLAND
BAD-BUTLER
BÖSBÜTTEL
NEW-FIRE-CITADEL
NEU-BRANDENBURG
BATH SAW-HILL
BAD SEGEBERG
EMPTY
LEER
HEAVENS-DOORS
HIMMELSPFORTEN
BROWN-SILENCE
BRAUNSCHWEIG
CATHEDRAL
MÜNSTER
TO EAT
ESSEN
TO WIN
SIEGEN
HALL
HALLE
CAT'S ELLBOW
KATZENELLENBOGEN
TOURN'EM
DRESDEN
ASS-MONKEY-CASTLE
ASCHAFFENBURG
SPICE-CASTLE
WÜRZBURG
TO SIT DOWN-HOME
HOCKENHEIM
CHARLE'S SILENCE
KARLSRUHE
WET-CHEEKS
FEUCHTWANGEN
STINKING-HOME
PFORZHEIM
TO BATH-TO BATH
BADEN-BADEN
RAINING-CASTLE
REGENSBURG
TO SING
SINGEN
BATHROOM-RICH-ECHO
BAD REICHENHALL
RECORD-SEE
PLATTENSEE
APPLE-SEE
TITISEE
TOP OF THE TRAIN
ZUGSPITZE

THE CAMEL-HAIR-COAT
Der Kamel-Haarmantel

THE GANGSTER-CAKE
Die Mafia-Torte (Pizza)

A HEAP OF SORRY
Ein Häufchen Elend

THE MOUTH-BONGO
Die Maultrommel

THE CHANNEL-CAP
Der Kanaldeckel

THE THREE-CHEESE-HIGH
Der Dreikäsehoch

THE SOUR-LIVER-SAUSSAGE
Die beleidigte Leberwurst

THE OVER CITICEN-MASTER
Der Oberbürgermeister

THE TOOTH-WHEEL-RAILWAY
Die Zahnradbahn

ONE HIGH ON THE BIRTHDAY-CHILD
Ein Hoch auf das Geburtstagskind

THE MEAL-FULL-PULLER
Der Gerichtsvollzieher

TO LOOK INTO THE PIPELINE

In die Röhre gucken

FOR OUR "EUROPEAN FRIENDS"

ITALIAN RUNAWAY

LECCO MIO IN DIE CAPPO

Leck mich in die Kapp'

FRENCH RUNAWAY

JE M' AUJOURD 'HUI

Ich häute mich

LATIN RUNAWAY

UNUS IGNIS QUIS VIR MULTUM AB AUDERE ET VOCABAT: »STUDIUM FUGA, MENS PROHI BERE«

Ein Feuerwehrmann fiel vom Wagen und rief:
„Eifer Flucht mein Hindern"!

I

Ich komme gleich wieder Kinder, benehmt euch anständig!

II
TELL NO CHEESE!
ERZÄHL KEINEN KÄSE!
HOLD THE AIR ON!
HALT DIE LUFT AN!
KEEP ON THE CARPET
BLEIB AUF DEM TEPPICH
I ALWAYS UNDERSTAND ONLY RAILWAY-STATION
ICH VERSTEH' IMMER NUR BAHNHOF!
I CHEW YOU A EAR DOWN
ICH KAU DIR EIN OHR AB
GIVE NOT SO ON!
GEB' NICHT SO AN!
BE ON THE HAT WHEN THE DRUMMER COMES!
SEID AUF DER HUT WENN DER PAUKER KOMMT!
KNUFF
ZACK
AUAAA

III

PAIN LET AFTER!
SCHMERZ LASS NACH
YOU CAN ME ONE TIME
DU KANNST MICH MAL
I AM FAST AND READY
ICH BIN FIX UND FERTIG
I HAVE THE FACE FULL
ICH HAB DIE SCHNAUZE VOLL
IT KNOCKS ME OUT OF THE SOCKS
ES HAUT MICH AUS DEN SOCKEN
EIGHTING HE CAMES!
ACHTUNG ER KOMMT
AS YOU ME SO I YOU!
WIE DU MIR SO ICH DIR!

IV

HE IS A JOHN-STEAM IN ALL ALLEYS
Er ist ein Hansdampf in allen Gassen

THE PICTURE UMBRELLA
Der Bildschirm

THE PIG-STEALER
Die Sauklaue

THE FATHER-KILLER
Der Vatermörder

THE OVER-HOURES
Die Überstunden

THE PAGE-JUMP
Der Seitensprung

THE SLEEPING-CAP
Die Schlafmütze

UNDERSTAND YOU!
Untersteh' dich!

WEAKMINDED
Schwachsinnig

THE BULL-EYE
Das Auge des Gesetzes

When I was a young Spund of 18, my dear Mütterlein said to me:
"The May is come, the trees knock out!"
(Der Mai ist gekommen, die Bäume schlagen aus)
and she drove away:
"Whom Lord will legal favour show....."
(Wem Gott will rechte Gunst erweisen)
I kapierte and asked she:
"Must I then to the townele out?"
(Muß I denn zum Städle hinaus)
"Yes, natürlich, beat off, "ruled she me on, and so dachte I:
"Now farewell, you my dear homeland."
(Nun ade, du mein lieb` Heimatland)
Because
"My oldie was a jogging-man."
(Mein Vater war ein Wandersmann)
I sang:
"The wandering is the miller`s pleasure."
(Das Wandern ist des Müllers Lust)
and verduftete
"In early kordel to mountain."
(Im Frühtau zu Berge)
where I traf many
"Mountain tramps."
(Bergvagabunden)
die mir legs made with:
"Cheers on, the air goes fresh and clean."
(Wohlan, die Luft geht frisch und rein)
Later in a forest behauptete a green man:
"I am a free wild-board-shooter."
(Ich bin ein freier Wildbretschütz)
and he erklärte mir: "When you drive
high on the yellow car."
(Hoch auf dem gelben Wagen)
or
"On the Swabian iron way."
(Auf der Schwäb`chen Eisenbahne)
you can see
"No beautifuller land in this time."
(Kein schöner Land in dieser Zeit)
and look
"In one cool cause."
(In einem kühlen Grunde)
"Saw a boy a roselet stand."
(Sah ein Knab` ein Röslein steh`n)
während near
"In the beautifullest meadows-ground."
(Im schönsten Wiesengrunde)
"It rattles the mill at rustling brook."
(Es klappert die Mühle am rauschendem Bach)

Thereafter kehrte ich
    "In the jug to the green garland."
    (Im Krug zum grünen Kranze)
ein and all the Zecher sangen:
    "Listen, what comes from outside inside."
    (Horch, was kommt von draußen rein)
They asked me noch:
    "Why is it at the Rhein so beautiful,"
    (Warum ist es am Rhein so schön)
but I answered:
    "I know not, what should it mean."
    (Ich weiß nicht, was soll es bedeuten)
The Kellnerin was very schön, and I invited she:
    "Girlie, move at my green page."
    (Mädle, ruck an meine grüne Seite)
because
    "The sex brings big Siegmund."
    (Das Lieben bringt groß` Freud)
and she trällerte:
    "You, you lie me at heart."
    (Du, du liegst mir am Herzen)
"Who are you coming her?" wollte she know.
    "Before my fatherhouse stands a lime - tree."
    (Vor meinem Vaterhaus steht eine Linde)
said I. "Aha," nickt she, "and I wohne,"
    "At the fountain before the goal."
    (Am Brunnen vor dem Tore)
but
    "Now go I to the wellele."
    (Jetzt gang i zum Brünnele)
will you me follow?" "Na clear," stimmte I to, "Denn"
    "When all little wella flow."
    (Wenn alle Brünnlein fließen)
I will you kiss." Later whispered she: "Look,"
    "The moon is up-gone."
    (Der Mond ist aufgegangen)
and she asked me weiter:
    "Know you, how many starlets stand."
    (Weißt Du , wieviel Sternlein stehen)
but the only, what I wußte, was:
    "So a day, so miracle-beautiful how today."
    (So ein Tag, so wunderschön wie heute)

THE PIGGERY

Die Sauerei

SPEAKS
Sprüche

HEAVEN, ASS AND THREAD
Himmel, Arsch und Zwirn

ME FALLS A STONE FROM THE HEART
Mir fällt ein Stein vom Herzen

I SHIT YOU BEFORE THE LUGGAGE
Ich scheiß dir vor den Koffer

ME GOES A LIGHT OPEN
Mir geht ein Licht auf

I'M NOT YOUR JACK-SAUSSAGE
Ich bin nicht dein Hanswurst

EGG, GOOD HOW?
Ei, gude wie?

SHORT AND GOOD
Kurz und gut

SLIDE ME THE BACK DOWN
Rutsch mir den Buckel runter

I JUMP IN THREE CORNERS
Ich spring im Dreieck

YOU HAVE A WET HAT ON!
Du hast einen nassen Hut auf!

HOMY-HOME – LUCK ALLONE
Trautes Heim – Glück allein

OH YOU LOVELY SKY!

Ach du lieber Himmel!

SEXY "RUNAWAYS"

LETTER SEX
Briefverkehr

SEX-CLUB
Verkehrsverein

AIR-SEX-COMPANY
Luftverkehrsgesellschaft

CITY-SEX
Stadtverkehr

KICK-SEX
Stoßverkehr

CIRCLE-SEX
Kreisverkehr

SEX-LIGHT
Verkehrsampel

QUICK-SEX-ROAD
Schnellverkehrsstraße

PROFESSION-SEX
Berufsverkehr

LEFT/RIGHT-SEX
Links-/Rechts-Verkehr

TELE(VISION) SEX
Fernverkehr

COMPANY-SEX
Gruppensex

THE HAIR-WRAPPER

Der Lockenwickler

OLDIES TOP-TEN

Oldtimer-Hitparade

1. YOU ARE HEAVY ON WIRE
   Du bist schwer auf Draht
2. YOUR ARE ON THE WOOD-WAY
   Du bist auf dem Holzweg
3. THE STRIP-TEASE-TABLE
   Der Ausziehtisch
4. EQUAL IT GOES LOOSE
   Gleich geht es los
5. MY DEAR MISTER SINGING-CLUB
   Mein lieber Herr Gesangverein
6. I BREAK TOGETHER
   Ich breche zusammen
7. THE SHIT-WING
   Der Kotflügel
8. TO MAKE ONESELF ME-NOTHING YOU-NOTHING OUT OF THE DUST
   Du machst dich mir nichts dir nichts aus dem Staub
9. YOU CAN ME CROSSWISE
   Du kannst mich kreuzweise
10. I WAS EQUAL FIRE AND FLAME
    Ich war gleich Feuer und Flamme

EQUAL/CHANGING-STREAM
Gleichstrom/Wechselstrom

UNION-DAYS-OUTSHOT
Bundestagsausschuß

THE NAILTEST
Die Nagelprobe

MOTHER-SOUL ALONE
Mutterseelenallein

WHITE HORSE CHEESE
Schimmelkäse

EXIT POINT
Ausgangspunkt

THE HORROR-SCREW
Die Schreckschraube

THE MUSCLE-TOM-CAT
Der Muskelkater

THE FOOD-
MUSHROOM
Der Fußpilz

OUT THE MOUSE

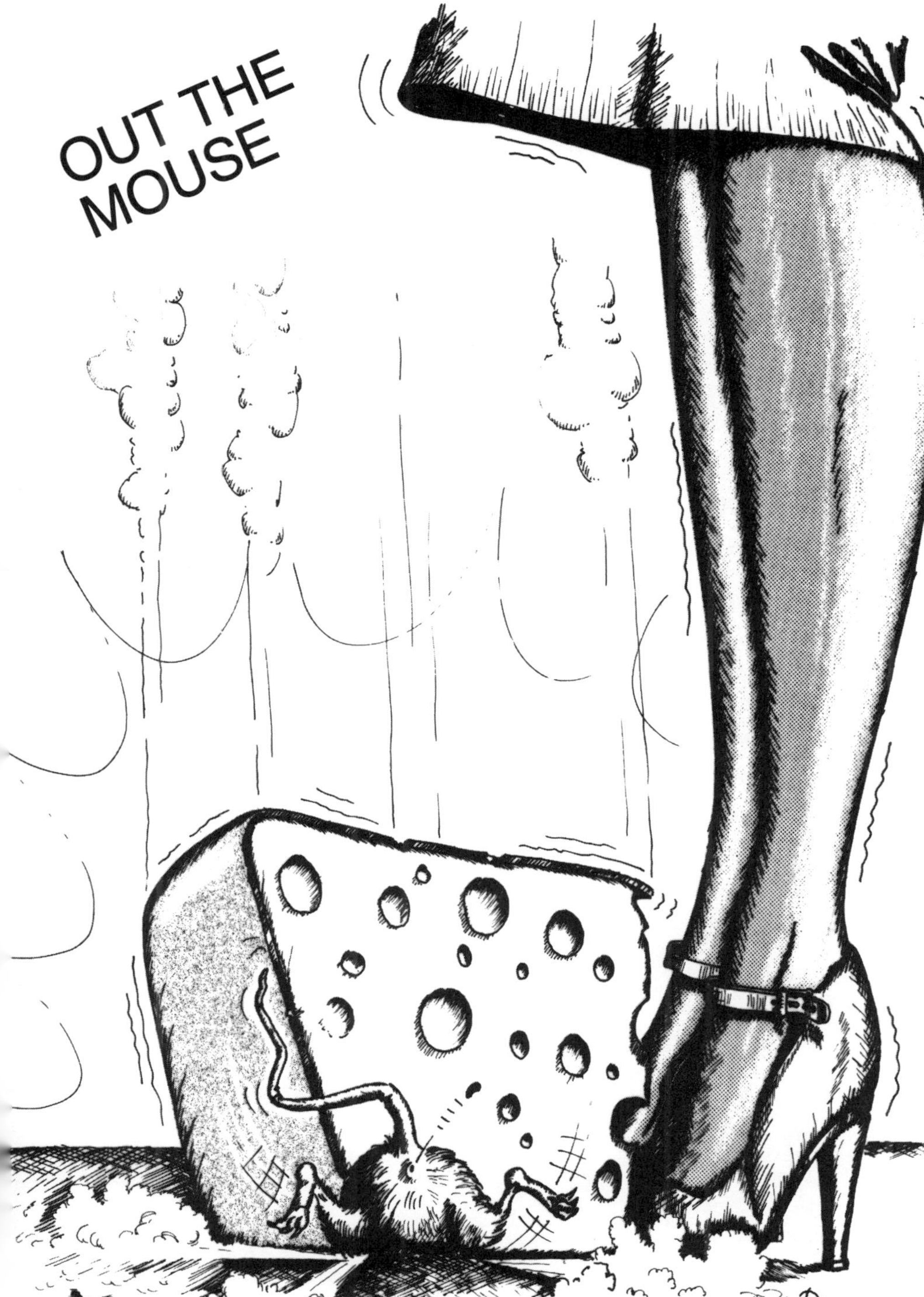

Aus die Maus!